AF599382

Líquida y salada

Noelia Salvador

Aliarediciones

Corrección: Eladia Guerrero
Diseño de cubierta: Aliar Ediciones
Maquetación: Aliar Ediciones

Depósito Legal: GR 1320-2024
ISBN: 978-84-10374-68-3

Impreso en España

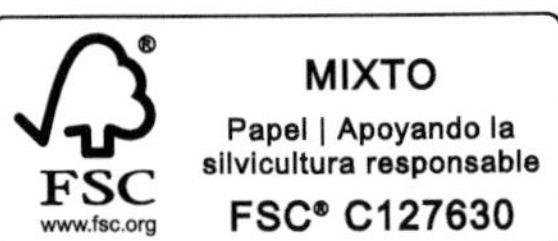

Edita
ALIAR Ediciones
www.aliarediciones.es
info@aliarediciones.es

Líquida y salada

Noelia Salvador

SALITRE

«Un barco existe en el océano, incluso si navega más allá de los límites de nuestra vista. La gente del barco no ha desaparecido; simplemente se están mudando a otra orilla».

ELISABETH KÜBLER-ROSS

LÁGRIMA

f. Cada uno de los pálpitos que se pierde ante una ausencia.

I

Una nota:
la muerte está hecha de agua salada
de sudor y de lágrimas.

II

Otra nota:
los sueños son la sal que queda
cuando la realidad se evapora.
Y es por eso por lo que en lo onírico y en lo fáctico
la herida escuece a partes iguales.

III

Estoy desnuda como almendro en invierno
sin flores blancas que cuelguen de mi cuello,
pero qué blanco se ve todo, blanco como la espuma,
blanco como la nieve, paredes blancas, marfil blanco
y blancas sábanas que me envuelven.
Acompaño con anhelo al silencio que descansa
en este cuerpo, en estas sábanas, en esta cama
ya no se encuentran las lunas porque las pestañas las tapan.
Crecen en mis nudillos corales rojos que conversan
con mis heridas haciéndolas sentirse comprendidas,
por las raíces de mi pelo me sujeto este dolor inquieto,
ni desaliento ni rencor, solo indiferencia
ante su repentina ausencia, solo indiferencia
en este lecho que no me representa,
en este lecho que no me deja respirar.
Rocío azul sobre el epitelio poroso, dolorido,
en las sombras de las comisuras dos abismos
y mis labios esclavos de la tránsfuga miel.
Me relamo melancólica en mi cama los restos de hiel
recordando y maldiciendo aquella injusta borrasca
en la que mis labios se amarraron como moscas

a la dulce aunque absurda esperanza
de mentarle siempre en presente.

IV

Lágrimas como olas, que mueren en la orilla de unos labios que ya no distinguen el salado. Unos labios agrietados, como se agrieta la arena cuando se seca. Unas grietas por donde se cuelan las lágrimas y vuelven a humedecer los labios. Unos labios que ante el mar se estremecen porque, pese a no identificar su sabor, la sal escuece cuando se posa sobre la herida. Los labios reventados de tanto tragar saliva.

Lágrimas como olas, que brotan cuando las pupilas se dilatan. Unas pupilas como lunas llenas, de dolor, que hacen subir la marea emocional que hay estancada en el océano del pecho. Un pecho que oprime y que tira hacia adentro en sentido de la corriente. Y unos dedos húmedos como la brisa, de tanto secar las mejillas, que oxidan todo lo que tocan. Un estómago revuelto más abajo, más al fondo. Un epigastrio mareado y lleno de vacío, que no acepta más mar enmascarado de saliva. Esta agua que, girando sobre sí misma, ha hecho del estómago un remolino alrededor de una depresión central. Un remolino que lo arrastra todo hacia dentro y hace un nudo en la salida. Un nudo que retiene todo el escozor provocado por el salitre. Un estómago mareado, lleno y herido. Magullado y hundido.

Piel pálida, el resto del cuerpo descansa flotando sobre la superficie. Dicen que es el reflejo de la luna porque la coraza es lo único que ven. Si miras más allá de la piel verás dos lunas llenas atrayendo las olas de dolor, que acabarán ahogándose en las grietas de los labios. El remolino del estómago y la corriente opresiva del pecho tirando del escozor hacia dentro y un nudo en la garganta, en la puerta de salida, que obliga a las lunas a repetir el proceso.

Cíclica, fluyente, líquida, profunda, superviviente a las adversidades meteorológicas que erosionan su utópica costa. Entera a toda costa. Herida y dolorida, gime y solloza este anochecer.

Mar,
mi cuerpo en duelo tenías que ser.

V

Azul mar mis lágrimas
ocupan todo el cuerpo,
sábanas blancas la espuma
me ahorca cercándome el duelo.

VI

Me refugio detrás de su cama
eléctrica, congelada, rota
me abrazo a su ramo de flores
me zambullo en su cadáver
cuyos ojos permanecen abiertos
para no perder de vista mi cuerpo vivo
muero abrazada a su ramo de flores
de lirios, jazmines y calas
todas blancas como su cara
blanca como su cama
que me da refugio su cama
del hospital quimérico y blanco
como sus ojos, como hoy han quedado mis ojos
blancos y sin vida alguna
al ver pasar la suya por delante.

VII

Ausencia se escribe como aire.
Imperceptible se materializa
en herida cortando la piel.
Una nada que todo lo inunda,
una ausencia punzante que sopla
unas velas apagadas que suplican
un deseo huérfano que anhela
un sueño profundo que ansía
un aliento cálido que hoy congela,
que corta,
que nadie dice nada.
Un deseo convertido en aire vacío
que nada puede hacer por esta ausencia.
Un deseo perdido, huérfano, muerto
de nuevo.
Por eso, aunque no lo vea nadie
ausencia se escribe como aire
y se lee como silencio.

VIII

Escribo ausencias.
Me desadapto las fuerzas,
me desabrocho la conciencia,
me descamo de locura,
me deshilacho la paciencia.
Escribo hipnóticas ausencias
desviviéndome en intensidades,
desterrándome de hogares,
desarmándome, cobarde,
desatándome la armadura,
descosiéndome la voz,
el oído, el olfato y la cordura,
destapándome la quimera,
desconociéndome la esencia,
desgarrándome escribo ausencias.
Cuando se desata la borrasca
no existe timón, ancla ni faro
que eviten el naufragio.
Me desangro lo remado
cuando se desvanece la resistencia
me precipito con lo escrito al mar de ausencias.

IX

Como aceptar el final.
Cómo aceptar el final,
inevitable tormenta,
eludiendo el naufragio
al despertar,
aceptaré que moriré
cuando ella lo haga
porque será cuando me falte el aliento.
Como encarnar la tragedia,
como practicar el duelo,
como aceptar el final.
Cómo aceptar el final
de quien se desgarró y sangró
por darle la vida a la niña
que después engendraría mi pálpito.
Cómo aceptar el final
de quien al parir comenzó a gestar
a mi hija en el seno de un designio extracorpóreo.

X

Siempre he pensado en la muerte
desde el supuesto imaginario,
como si no fuera conmigo,
desde la asociación ilógica
que la sitúa en el polo opuesto a la vida.
Hoy escribo desde el centro magnético
que contiene lo vivo y lo inerte
en una misma realidad palpable,
desde la huella del dolor,
desde el nudo en el vientre
producido por una ausencia perenne.

Propiedad privada

del mar nunca fueron nuestros estos cuerpos.

XI

¿Dónde queda el agua cuando el cuerpo se derrite?
¿Qué forma adquiere cuando el recipiente se evapora?
¿Dónde desembocan los restos de un latido congelado?
¿Qué destino tendrán mis lágrimas los días de lluvia?
¿Dónde dormirán mañana los corales?

XII

¿Qué se supone que he de hacer
con el ancla de la esperanza hoy
que has partido?
Que me has partido
y el agua está entrando.
Todo mi ser es líquido y salado,
ya no puedo mantenerme a flote.

XIII

Veo su rostro mustio,
su rostro apagado,
apagado narcótico,
apagado desvinculado
por fin del dolor
que tanto se ha paseado
por los surcos de su rostro marchito.
Veo sus ojos inundados,
sus ojos ahogados,
ahogados de tanto acunar la marea
del insomnio bajo sus párpados.
Veo su boca seca,
su boca despoblada,
despobladas sus encías,
diluidos todos sus lirios de agua.
Todas las partes se parecen, pero ya no veo a mi yaya.

XIV

Destaca el oscuro polen concentrado
en el epicentro de un crisantemo
que sobrevive en medio de la nieve.
Pétalos color café
olor a ausencia
sabor a mar.
Carece de visión el polen calcinado
ya no vislumbra el horizonte
al estar cubierto por los aluviones de rocío
que segregan los abismos de sus lagrimales.
La brisa condensada por el frío
inunda y cristaliza la córnea en un suspiro.
Aun huérfana de lluvia, esta noche
el agua ahoga de improviso al crisantemo.
Las gotas descansaban en el aire
antes de posarse sobre sus pétalos.

XV

Las gotas reposan en mi pálpito
antes de posarse sobre mis pupilas.
Ya no hacen falta tormentas,
las lágrimas me ahogan incluso antes
de poder llegar a sentirlas.

XVI

Cielo cubierto, cielo tapado
blanco cielo envuelto
por la escarcha de su latido congelado.

XVII

Hay latidos que marchitan,
esperanzas que se pudren,
ante la ausencia amenazante.
Resisten las córneas y la nieve,
las pupilas y el polen calcinado,
los nervios y el tallo y los pétalos,
a los pétalos los han arrancado.
Vive muere vive muere vive
muere vive muere vive muere
el cristantemo no resiste más la nieve.
Hay córneas y pupilas
y lagrimales y dolor
pero ya no hay flores.
Las flores yacen en su mesilla de noche.

XVIII

La ausencia es la piel perenne
que muda el cuerpo caduco.
Y así está el mar,
lleno de escamas que titilan
ante la luz de la luna.

XIX

Llegados a este punto del delirio discernimos
la suerte del cometido
el sueño de la borrasca
los ancestros de los futuros fantasmas.

XX

Me prometiste calor eterno
y yo juré cuidarte siempre.
Nadie me dijo que el presente fuese evaporable,
la eternidad, líquida
y las promesas, saladas.

XXI

Un copo de nieve sobre la palma de la mano
el hoyuelo en el charco cuando cae la gota
la espuma de mar cuando rompe la ola
una lágrima sobre el asfalto en agosto
una estrella fugaz un relámpago
un chasquido un suspiro
un beso robado
los veranos en el pueblo
y ella.

XXII

No es la orilla,
es el abismo este pedazo roto del marco
no es la madera a la deriva
ni la foto de boda de mis yayos tirada en el suelo
es la orilla del naufragio en mis pulmones.

MURMURO

«A veces parece que el miedo y el amor son una misma cosa».

SARA TORRES

FLUJO

m. Borrasca que nace del ansiado consuelo y que suele ir precedida de un gemido.

I

Otra nota más:
la muerte está hecha de agua,
de sudor, de lágrimas
y de flujo.
Todos los fluidos tienen cabida
en este mar de ausencias.

II

Mar, amar, amante,
la novia y la madre
acunan al dolor para que calme.
Mar, amar, amante,
la novia y la madre
lágrimas, sudor, flujo y sangre.

III

Siempre fueron saladas nuestras carnes
vaporizadas, solubles, derretidas
masas de sangre, sudor, lágrimas,
orina, saliva, flujo, semen, bilis y plasma.
Declaran polidipsia sinónimo de ausencia.

IV

Nos engendraron en líquido
y todo acabará con el último trago de saliva
evaporado en un suspiro.

V

Amor, cosiste una caricia en el vacío de mi pecho.
Mi yaya me remendaba los pantalones rotos.

VI

El día que empecé a convertirme en mar
fue cuando me desahuciaron del vientre de mi madre
y cayeron las primeras gotas.

VII

Dejé de bucear en líquido amniótico
para convertirme en el océano entero.
Ahora yo engendro
miedo
y la ausencia
nada.

VIII

Útero carnoso
caliente, latiente,
nodrizo, líquido.
Agua somos, del agua venimos
y al agua volvemos
y es por eso que la muerte nos deja
tanta sed a su paso.

IX

Ahogo el dolor en vino blanco
para que el alcohol me cure esta herida.
El destilado encarna tu piel
y yo la sitúo sobre la mía.

X

Me abandono a la eternidad
que reside en tus brazos,
a la insólita saciedad que me inunda
y que por este instante,
que sueño que sea infinito,
no deja paso al mar.

XI

Me buscaste cuando menos me reconocía
y me buscaste en mares,
en océanos, en charcos,
en pantanos, en cloacas,
en acequias, en pozos,
incluso en las nubes cargadas,
en el río y en el lodo.
Pero, amor,
los lagrimales cayeron en el olvido y ahí,
ahí es donde camuflaba las gotas del dolor
porque se volvían irreconocibles en forma y sabor.
Ahí, en los manantiales de este cuerpo agrietado,
es donde se escondía mi esencia ahogada, derrotada.
Me buscaste en la ropa derramada,
en las manos, en los muslos desnudos,
en las curvas, en los glúteos descubiertos,
en el ombligo y hasta en la espalda destapada.
Amor, miraste en todas partes
menos en la que yo más te necesitaba.

XII

La muerte inundada,
el sexo soluble
y el amor sin ortodoxia.

XIII

Esta noche te quiero a cuatro
versos de mi cama
y a dos besos de mis piernas.

XIV

Mi deseo se aferra a sus muslos
con la misma determinación con la que el dolor me desgarra la voz
con la misma desesperación con la que ansío sostener mi vida ahora
relamo su cuello, mis dedos, sus labios, mi miedo y lo derrito
y me derrito al encajar nuestras caderas
en mi vientre la fusión intenciona, engendra y pare al seísmo
para que pare el atentado en mi garganta.
¿Existe dolor más desgarrador que el que busca romper la carne
            y convertirla en fluido para así no tener
            que lamerse el escozor de la ausencia?
Mana amor de mis pulpejos
fluye consuelo por mi codo.
Busco a ciegas, dentro de ti, lo que me ha sido arrebatado.
Al menos este líquido no es salado.
Tu placer amortigua mi dolor.

XV

Esta noche tengo al eros enredado entre mis dedos,
sostengo el éxtasis en mis manos,
acaricio la paz que sigue al seísmo,
sostengo la fugaz eternidad y la admiro
durante este instante
inmortal, exultante
por fin me falta el aire
y no es la ansiedad la causante
sino tu erotismo.

XVI

Tras todo el día de guardia, llego cansada a casa, abro la puerta y la veo esperando en la nevera. Después de una ducha caliente, me siento en el sofá con esta botella de vino en mano y nada más en mente.

Líquidas y espumosas, estamos ella y yo a solas en esta habitación que nos ilumina con timidez.

La sostengo firmemente por sus estilizadas curvas como si importara que se me cayera desde esta insignificante altura. Un equilibrio perfecto entre sutileza y firmeza caracterizan mis manos en esta escena. Con precaución, para no romperla, realizo un preciso y acertado juego de muñeca, con el que pretendo atravesar la barrera de su corcho. Tiro un poco y consigo quitárselo del todo, dejándola por fin descubierta.

Me encuentro mirándola cuando una gota de vino salpica mi dedo, y yo lo introduzco lentamente en mi boca. Observando cómo intercambio ese oro blanco por saliva, ella espera impaciente a que yo la sirva. La sujeto con firmeza con mi mano derecha mientras el frío y frágil cáliz descansa sobre la mesa. Finalmente, cojo la copa para servir el vino blanco, sintiendo cómo entra en calor al contacto con mi mano. Inclino la botella y dejo salir el fluido.

Y yo mirando cómo sale todo el contenido y se derrama íntegro, hasta esa rebelde última gota, y se me humedece la boca.

Paseo ahora el dedo que me había relamido por el filo y me empapo de su gemido cuando la hago vibrar, entra en resonancia. Se suma el sonido a su afrutada fragancia y entran en juego todos los sentidos: vista, oído, olfato, gusto y tacto incluidos.

Pero no es hasta este preciso momento que apoyo la copa en mis labios entreabiertos, paseo el néctar por mi lengua y juego con ella hasta que llega a mi paladar. Entonces lo trago, me relamo y percibo el toque afrutado.

El resto de la noche repito el proceso a sorbos pequeños, sin prisa, haciéndolo lento. Porque el verdadero placer lo encuentro en el sabor intenso, aunque fugaz. La embriaguez final queda reducida a una mera consecuencia de la cata cometida.

XVII

Tapa todos los orificios de mi cuerpo,
relléname el vacío con los dedos,
protégeme del mar,
cólmame, amor, la carne desprovista de consuelo,
que yo prometo a cambio resguardar el deseo dentro.

XVIII

Siento el placer en mis entrañas
se me encoge el aliento al mismo tiempo
alcanzo el clímax con la mano
opuesta a la que sujeta la culpa
y ambas convergen en mi pecho
generando una emulsión que me provoca náuseas.
Se supone que no debería de estar sintiendo esto
pero el agua fluye por mi cuerpo
y ahora el mar se filtra por mi sexo.
¡Qué paredes tan porosas!
¡Qué labios tan sedientos!
¡Qué mar tan inoportuno!

Siento el placer en mis entrañas
lo siento.

XIX

No era sobre las nubes donde había que poner los dedos
para llegar a tocar
el cielo.

XX

Con el fluido del placer se puede llegar a rozar el cielo
y estar más cerca de los que descansan en el plano de los sueños.
Y es por eso que todos los líquidos tienen cabida en este duelo.

XXI

Es tan grande el vacío que tengo
que me caben tus dedos, la botella de vino entera
y todo este paquete de Marlboro.
Pero no te preocupes, que después de todo
todavía me queda espacio para esas lágrimas que tanto ansías.

XXII

No me juzgues,
lo duelo lo mejor que puedo.

BRISA

«Amor es curarse los afectos ahí donde más duele».

PAUL B. PRECIADO

SUDOR

m. Fluido resultante del despertar y que apacigua el dolor del recuerdo.

I

Penúltima nota:
la muerte está hecha de agua salada,
de lágrimas, de flujo
y del resto de nuestros fluidos
todos evaporados.
El sudor es el último
que se mantiene a flote.

II

Intento escribir néctar sin renunciar a la sal,
utilizar palabras complejas y ceñidas
a una estructura precisa
que camufle mi dolor y negligencia.
Pero la ausencia se escurre
sostenida en mis puños,
cuanto más los aprieto
más piel oxidan.
Intento escribir néctar lúcido
dentro de la onírica sal restante
en un presente evaporado.

III

Al igual que pasa con el hambre cuando el pan se acaba,
estamos destinados a pasar sed
cuando el cuerpo se derrite gota a gota.

IV

«Se va de ti mi cuerpo gota a gota».
GABRIELA MISTRAL

Se va de mí su cuerpo gota a gota
se van de mí sus manos temblorosas
se despide de mí su voz encharcada
se alejan de mí sus ojos acristalados.
Se me evapora su piel, en el recuerdo
se me derriten las pupilas, en el letargo
se me congela el latido.
Amor,
ni pasando por todos los estados
me adapto a ningún sitio
en esta fría noche que compartimos
en esta blanca cama que es nuestra
en esta soledad tan mía
en la que ya no me identifico.

V

A veces no soy más que evanescente,
el recuerdo es dulce.
Tropiezo ante el mar, caigo
en la tentación, me paseo
la lengua por los labios relamiéndome
la ausencia y el dolor.
Me disuelvo en mi propia saliva desconfiada
como se prueba el agua
con la punta de los dedos
olvidando mi constitución azucarada
de tanto saberme a sal.
Todo mi ser está hecho ahora de recuerdo.

VI

Fuimos al monte porque llegaba el invierno.
Fuimos las botas que volvían a casa empapadas porque a mí
me encantaba pisar los charcos de camino al monte.
Fuimos el hacha e hicimos leña,
fuimos los árboles y quedamos exhaustos,
fuimos el monte y nos resguardamos despoblados
en aquel hogar que un día construisteis a las afueras del pueblo.
Fuimos al bar y jugamos a las cartas
y fuimos el cortado, el mosto y el Baileys
y fuimos entonces a cenar a casa
y terminaste de hacer la cena
y yayo y yo pusimos la mesa camilla
en frente de la chimenea.
Y fuimos la merluza, el queso curado, el pan, el chorizo,
el mantel bordado manchado y el programa de política
que yo odiaba tanto.
Fuimos la madera, el hacha, las botas, el licor, la mesa camilla
y la cena.
Fuimos tantas cosas que no puedo entender que tanto recuerdo
haya quedado reducido
a ese momento en el que mis labios acariciaron tu pelo
por última vez.

VII

¿Te acuerdas?
La arena ardiente,
la crema cubriéndome los hombros
que después cubrirían las olas.
Aquel día aprendí que debía colocarme siempre entre tu cuerpo
          y la orilla,
que no debía irme demasiado lejos
y que no me convenía perderte de vista.
El mar bramaba y tú me protegías de la corriente.

He aprendido que la pérdida es como la arena en agosto:
te quema los pies por mucho que corras
y cuando quieres llegar al agua
ya te has acostumbrado al dolor.

Aquel día no me cargaste sobre los hombros hasta llegar
          a la orilla
y yo buceé fuera de los límites de tu piel.
Pero cuando vino la ola más grande de todas,
cuando rompió en tu pecho
y tú te convertiste en espuma no fui capaz,
yaya, aquel día te juro que no fui capaz
de colocarte entre la orilla y mi cuerpo,
no fui capaz de protegerte como tú siempre has hecho.

Quizá me fui demasiado lejos,
te perdí de vista,
nos ganó la corriente.

Te escribo sentada en esta arena ilusoria
y aunque es octubre y sea de noche
me arden los pies.

¿Puedes oírlo?
Es el mar bramando.

¿Puedes verlo?
Somos tú y yo buceando,
sorteando las olas por debajo
cuando nos vienen demasiado grandes.

VIII

Me tranquiliza girar la cabeza y ver que sigues ahí
resguardada en el recuerdo.

Esperar

un diagnóstico, un tiempo muerto, una acción deshabitada, una desdicha materializada, un naufragio, un castigo más que un verbo cuya conjugación en pasado debiera estar prohibida si va acompañada del adverbio *demasiado* y ligada a unos síntomas.

IX

Los hay que tienen cáncer,
los hay que tienen sed,
hay quien la sacia
y para el dolor
pero no para la muerte.
Para la muerte solo hay barcos.

X

Amor, le di la mano.
Le di la mano como quien ata el hilo a una farola
y sin miedo echa a correr,
amarrada al otro extremo de la seda.
Y se fue tranquila
y yo por un momento fui una farola,
pero tuve que soltar el hilo.
Amor, yo nunca quise tener que soltarlo.
A veces una solo quiere hacer(se) un ovillo
con la seda que le obligaron a soltar
para que la metamorfosis haga el resto
y echar a volar sin miedo.
A veces una solo quiere ser una farola
y no tener que dejar de serlo.

XI

¿Qué es el presente sino una utopía?
Un espacio desmarcado,
un sofá que ya no ocupa,
unas sábanas que todavía desprenden su olor,
una cafetera italiana que llora desbordada,
su leche de avena en la nevera,
su cepillo de dientes todavía húmedo,
un libro sin terminar,
un tsunami en mis pupilas,
sus pantalones colgados en la silla,
el puto olor a café quemado.
¿Qué es el presente sino una utopía?
Si en todas sus cosas todavía habita
un pálpito que ahora solo es en pasado.
¿Qué es el presente sino una pesadilla?

XII

El vaso hasta arriba de agua
con el que llego a identificarme.
La barra de pan todavía intacta,
con la que no tengo nada que ver.
Las manos sucias y dos platos hondos de sopa y bacterias,
la cubertería manchada por bacterias portadas
          por la mala costumbre
de la gente que tiene la mala costumbre de morirse
          antes de tiempo.

Hoy el vaso está medio vacío, la corteza hecha migas,
la cuchara limpia y el plato
el plato sigue lleno de sopa.

XIII

Ante la insólita luz de su ausencia
se precipita una gota de cada luna azabache;
una roja ardiente de dolor
y otra azul cielo de su nuevo hogar.
Por eso el recuerdo es de color violeta,
del dolor de las magulladuras,
del dolor de las huellas de su ausencia
marcadas en mi piel.

XIV

Resguardo en la retina de mi pálpito
el olor de sus lentejas y de su piel.

XV

A veces presionar la herida es lo que alivia el dolor
y para la hemorragia.

XVI

Amor, estoy aprendiendo a llorar
hacia adentro para que la brisa de mis mejillas
no oxide los besos de mi madre.

XVII

Escribo porque ansío la inmortalidad
que reside en unas letras
que no me pertenecen,
que nunca parecen ser suficientemente
saladas para justificar todo el escozor
que habita en mi piel.
Escribo porque ansío sus manos
y las reencarno en palabras complejas
que traigan de vuelta solo el néctar.
Escribo porque ansío su inmortalidad.
Escribo porque el poema es dulce
y yo una niña triste, salada, aletargada
y atrapada entre las garras del recuerdo.

XVIII

Ocupa tanto tu ausencia en mi pecho
que a menudo he de olvidarte,
a ratos, mientras el valor me lo permite.
Porque aún siendo ausencia
aquello que me ensancha el vacío
y la nada, todo este espacio distendido,
la posibilidad de morir por exceso y saturación
de la memoria se vuelve ineludible.

XIX

Corales frescos y metálicos,
vasos hemáticos
en medio del Atlántico
dejan paso al aire.

XX

Con este indeterminado silencio confuso,
con este silencio de fríos domingos,
de austeras ausencias,
de asfixiante quimera,
de lejanos recuerdos,
de claros eneros,
de soledad congelada.
Con este silencio que cala
el vacío y lo llena de escarcha
a veces puedes entender el recuerdo
que se clava y empezar a derretirlo.

XXI

Cuerpo hundido, lengua urente,
saliva ante la sal de mis heridas.
Este cuerpo dolorido, dormido, sumergido
en un mar que yo misma hago crecer
con las lágrimas que se me escapan al lamerme.
Este cuerpo salado, magullado, flotante
cicatriza y coge aire ante el exceso de sal
que tanto ansío evitar pero que yo misma alimento
al verter mis lágrimas sobre este mar de ausencias.

XXII

Magnolias, margaritas, dalias y jazmines, calas, gardenias y lirios, todas ellas ahogadas en rocío. ¿Las pupilas? Sumergidas. ¿El miocardio? Encharcado. ¿La piel? Empapada. La muerte está hecha de agua salada, de sudor y de lágrimas. Intento mantenerme a flote, pero el mar me arrastra. Grito pidiendo auxilio y solo entra agua. Abro los ojos y sale más agua. Me abro en canal, todo lo que queda de mi ser es tan solo agua. Me escuecen los ojos y no veo nada y me escuecen la garganta y los pulmones y hasta el latido. Todo mi cuerpo herido es ahora mar. La oscuridad es densa, profunda, húmeda, impenetrable, asfixiante. Está arrugando las yemas, borrando las huellas de los estranguladores dedos, que son las paredes de esta habitación que parece cada vez más pequeña. La noche tiembla, se agita, convulsiona, y yo grito tan fuerte que me arranco la garganta. El grito, aunque ahogado, resulta seco, punzante, gélido, dañino a tu corazón y a tu oído y tu voz se suma al estruendo de mi gemido y era real, amor, te juro que su ausencia era real y no podía. Mi cuerpo pálido, herido, sumergido se volvió todo mar y no podía respirar. Me estaba muriendo de ver su ausencia.

Magnolias, margaritas, dalias y jazmines, calas, gardenias y lirios, todas ellas ahogadas en rocío. Mi piel empapada y mis pupilas encharcadas. Son todavía muchos los alientos que le quedan a mi yaya, aunque sean caducos y propiedad del mar todos estos nuestros cuerpos. Aunque agua seamos y al agua regresemos y en agua nos convierta el duelo, todavía nos queda aire. Amor, aunque el mar sea inevitable, todavía le queda aire.

Son las cinco de la mañana y me incorporo en esta blanca cama que compartimos, en este lecho que no me deja respirar. Entre sudor y lágrimas, líquida y salada cojo el móvil y temblorosa escribo:

«Yaya, ¿me haces lentejas para comer mañana?».

XXIII

Me despierto empapada, encharcada, inundada
en sudor y en lágrimas,
líquida y salada.
Sumergida en la pesadilla
de una húmeda ausencia materializada
en el propio naufragio de mi piel.

XXIV

Última nota:
¿qué distancia separa el sueño del recuerdo si allí, en el delirio,
está todo evaporado?
Deberíamos beber de la carne antes de que la sed de la ausencia
nos lleve a la ineludible deshidratación que conlleva duelo.

Índice

MURMURO

BRISA

Este libro se terminó de editar en Granada
en septiembre de 2024 por

Aliarediciones

www.aliarediciones.es
info@aliarediciones.es